Bibliografische Information der Deutschen Nationalbibliothek:

Die Deutsche Bibliothek verzeichnet diese Publikation in der Deutschen National-
bibliografie; detaillierte bibliografische Daten sind im Internet über http://dnb.d-
nb.de/ abrufbar.

Impressum:

Copyright © 2010 GRIN Verlag, Open Publishing GmbH
Druck und Bindung: Books on Demand GmbH, Norderstedt Germany
ISBN: 9783656892038

Dieses Buch bei GRIN:

http://www.grin.com/de/e-book/146823/elsa-andersson-die-erste-pilotin-in-schweden

Ernst Probst

Elsa Andersson. Die erste Pilotin in Schweden

GRIN Verlag

GRIN - Your knowledge has value

Der GRIN Verlag publiziert seit 1998 wissenschaftliche Arbeiten von Studenten, Hochschullehrern und anderen Akademikern als eBook und gedrucktes Buch. Die Verlagswebsite www.grin.com ist die ideale Plattform zur Veröffentlichung von Hausarbeiten, Abschlussarbeiten, wissenschaftlichen Aufsätzen, Dissertationen und Fachbüchern.

Besuchen Sie uns im Internet:

http://www.grin.com/

http://www.facebook.com/grincom

http://www.twitter.com/grin_com

Ernst Probst

Elsa Andersson

Die erste Pilotin
in Schweden

Elsa Andersson (1897–1922)
gewidmet

Elsa Andersson (1897–1922)
Foto: Reproduktion einer alten Aufnahme

Bauernhof Petersgard bei Vegeholm
in der Provinz Schonen,
zu dem rund 60 Hektar Land gehörten.
Gemälde von Paul Nielsen aus dem Jahre 1877

Die erste Pilotin und die erste Fallschirmspringerin Schwedens war Elsa Andersson (1897–1922). Im Volksmund hat man diese aus der Provinz Schonen (Skana) stammende Fliegerin und Fallschirmspringerin als „Die verwegene Schonin" (schwedisch: „Den käcka Skanskan") bezeichnet. Sie kam in jungen Jahren bei einem Auftritt als Fallschirmspringerin in ihrem Heimatland auf tragische Weise ums Leben.

Elsa Teresia Andersson wurde am 27. April 1897 als erstes von sechs Kindern auf dem von ihrem Vater gepachteten Bauernhof Petersgard bei Vegeholm in Schonen geboren. Als zweites Kind folgte am 14. August 1898 ihr Bruder Ernst Albin Sture mit dem Rufnamen Sture. Ihre Brüder Nils Harald und Nils Valdemar kamen am 5. Februar 1900 zur Welt. Von diesen Zwillingen lebte Nils Valdemar nur wenige Tage bis zum 8. Februar 1900. Nils Harald verlor 1952 mit 52 Jahren bei einem Verkehrsunfall sein Leben. Die am 28. April 1901 geborene Schwester Thyra Linnèa starb als Kleinkind am 26. März 1903. Am 4. November 1903 erfolgte die Geburt des sechsten Kindes Stina Gunborg (1903–1995).

Zum Bauernhof Petersgard gehörten etwa 60 Hektar Land (600.000 Quadratmeter). Ein von Paul Nielsen angefertiges Gemälde zeigt, wie dieser stattliche Bauernhof 1877 aussah. Der Bauernhof Petersgard brannte später ab und wurde 1926 abgerissen. Etwa 50 Meter davon entfernt entstand ein Neubau namens Sandakra.

Elsa war die Tochter des Bauern Nils Edvard Andersson (1863–1943) und dessen Ehefrau Alma Gustava Andersson, geborene Svensson (1873–1903). Ihr vielseitig begabter Vater betätigte sich auch als Schöffe, Treuhänder, Auktionator und Jäger. Ihre Mutter starb früh im Alter von nur 30 Jahren bei

Kirche und Friedhof des Dorfes Strövelstorp in Schonen.
Foto: Jurchr / CC-BY-SA3.0,
(via Wikimedia Commons)
lizensiert unter Creative Commons Lizenz by-sa-3.0-en
http://creativecommons.org/licenses/by-sa/3.0/legalcode

der Geburt des sechsten Kindes Stina. Dieser Schicksalsschlag traf die kleine Elsa am 18. Dezember 1903 im Alter von sechs Jahren. Die 17 Jahre jüngere Frida Maria Bengtsson (1881–1964) wird mal als Haushälterin, mal als zweite Ehefrau des Vaters bezeichnet. Sture, der jüngere Bruder von Elsa, wanderte als Erwachsener in die USA aus. Stina, die jüngere Schwester von Elsa, war später eine beliebte Krankenschwester.

Elsa war erst sechs Jahre alt, als die offizielle Geburtsstunde des Motorfluges schlug: Am 14. Dezember 1903 ging der Amerikaner Wilbur Wright (1867–1912) allein mit seinem Flugzeug „Flyer" in Kitty Hawk (North Carolina) in den USA in die Luft. Dabei legte er 32 Meter in 3,5 Sekunden zurück.

Ein Foto, das 1911 entstand, zeigt die 14 Jahre alte Elsa als Schülerin der „Erikslundsskola" in Erikslund nördlich von Strövelstorp. Sie ist die Achte von links in der vierten Reihe. Nummer 1 in der ersten Reihe ist ihr Bruder Sture, Nummer 8 in der fünften Reihe ihr Bruder Nils Harald. Der Lehrer hieß Carl Heather.

Es heißt über Elsa, sie sei ein sehr lebendiges und eigensinniges Kind gewesen. Wenn andere Kinder im Erdboden beispielsweise Würmer oder Wurzeln ausgruben, blickte sie zum Himmel und studierte den Flug der Vögel. Im Kindesalter konnte sie gut zeichnen und malen. Außerdem liebte sie die Musik. Während der 1910-er Jahre sah man in ihrer Heimat nur sehr selten ein Auto.

1913 erlebte Elsa als 16-jähriger Teenager in Astorp eine Luftfahrtschau des schwedischen Flugpioniers und Flugzeugkonstrukteurs Enoch Thulin (1881–1919), wobei ihr Interesse für die Fliegerei erwachte. Ein anderes Mal sah sie eine Luftfahrtschau in Ljungbyhed. Die bei diesen Veranstaltungen

Bild auf Seite 11:

Namen der Mitglieder der Familie Andersson
und ihr Geburtsdatum in einem Kirchenbuch:

Vater Nils Edvard Andersson,
geboren am 6. August 1863,
Mutter Alma Gustava Andersson,
geboren am 13. Dezember 1873,
Tochter Elsa Theresia,
geboren am 27. April 1897,
Sohn Ernst Albin Sture,
geboren am 14. August 1898
Zwillinge Nils Harald und Nils Valdemar,
geboren am 5. Februar 1900
Tochter Thyra Linnèa,
geboren am 28. April 1901
und Tochter Stina Gunborg,
geboren am 4. November 1903

Bild: Linda Kvist,
http://cousinlinda.blogspot.de/2013/02/tombstone-tuesday-
elsa-andersson-first.html

Foto auf Seite 13:

1911 entstand eine Aufnahme,
welche die 14 Jahre alte Elsa als Schülerin
der „Erikslundsskola" in Erikslund
nördlich von Strövelstorp zeigt.
Elsa ist die Achte von links in der vierten Reihe.
Nummer 1 in der ersten Reihe ist ihr Bruder Sture,
Nummer 8 in der fünften Reihe ihr Bruder Nils Harald.
In der letzten Reihe
ist links der Lehrer Carl Heather zu sehen.
Das Originalfoto
wird im Schulmuseum in Ängelholm aufbewahrt.

Flugpionier und Flugzeugkonstrukteur Enoch Thulin (1881–1919)
Foto: Reproduktion einer alten Aufnahme

fliegenden Maschinen waren kleine und klapprige Kon-
struktionen aus Holz, Leinwand und Klavierdraht und hatten
nur eine Motorleistung von 20 bis 25 PS.
Als ältestes Kind arbeitete Elsa Andersson früh auf dem
Bauerhof ihres Vaters mit und interessierte sich sehr für neue
Maschinen, die damals die Landwirtschaft revolutionierten.
Um die Kühe und um das Kochen kümmerte sie sich nicht so
gern. Ihr Vater nahm nicht nur seine beiden Söhne, sondern
auch seine Tochter Elsa zum Schießen mit, das damals von
Männern dominiert wurde. Zeitweise träumte sie davon, nach
Amerika auszuwandern. Irgendwann lernte sie das Autofahren
und erwarb 1919 den Führerschein. Körperliche Aktivitäten,
Innovationen und Abenteuer bestimmten ihr Leben. Elsa
wollte mehr, als nur die Ehefrau eines Bauern zu werden. Ihr
Lebensmotto lautete: „Mut und Entschlossenheit sind die
besten Eigenschaften in einem Menschen".
Im Alter von 22 Jahren besuchte Elsa Andersson ab 3. Juli
1919 die seit 1915 bestehende Flugschule von Enoch Thulin
in Ljungbyhed. Damals waren andere Mädchen ihres Alters
bereits verheiratet und hatten oft schon ein Kind geboren.
Der Vater von Elsa hatte zuvor lange Zeit erfolglos versucht,
gegen ihren Wunsch, das Fliegen zu lernen, zu protestieren.
Doch irgendwann erkannte er, dass dies sinnlos war.
Thulin hatte vor dem Ersten Weltkrieg (1914–1918) mehrere
vielbeachtete Langstreckenflüge – zum Beispiel von Paris
(Frankreich) nach Landskrona (Schweden) – unternommen.
In Landskrona gründete er eine Flugzeugfabrik, in der
verschiedene Flugzeugtypen konstruiert wurden, und plante
die Herstellung von Autos und Motorrädern. Doch er konnte
seine Pläne nicht mehr verwirklichen, weil er am 14. Mai 1919

Elsa Andersson auf einem Foto aus dem Jahre 1920.
Foto: Archiv Anne Lindblom / CC-BY2.0
(via Flickr)
https://www.flickr.com/photos/kajsawarg/4143616729/
https://creativecommons.org/licenses/by/2.0/legalcode

bei einem Flugzeugabsturz in Landskrona im Alter von nur 38 Jahren ums Leben kam.

Eine Pilotenausbildung war damals ein teures Vergnügen, das sich fast nur Flugschüler aus reichen Familien leisten konnten. Jeder Flugschüler musste insgesamt 4.000 schwedische Kronen aufbringen, wovon eine Hälfte auf den Studienbeitrag entfiel und die andere Hälfte für eine eventuelle Instandsetzung des Flugzeugs hinterlegt werden musste. Diese Kosten hat der Vater von Elsa Andersson übernommen.

Am 30. Mai 1920 erhielt Elsa Andersson ihren Pilotenschein (Lizenz Nr. 203). Damit war sie die erste schwedische Pilotin und mit der Nummer 101 die letzte Frau, die Thulins Flugschule besucht hatte. Ruth Bergman, die vor Elsa bei Thulin in die Lehre gegangen war, hatte ihre Ausbildung nicht abgeschlossen.

Im August 1920 erschien in der Fachzeitschrift „Flying" ein Bericht, in dem Elsa Andersson über ihre Ausbildung zur Pilotin erzählte. Ein weiterer Pressebericht im Sommer 1920 schilderte einen Flug von Elsa mit einem Journalisten als Passagier von Ljungbyhed nach Göteburg. Dieser Flug erfolgte zunächst bei Sonnenschein und klarem Wetter. Um auf Kurs zu bleiben, orientierte sich Elsa an der Eisenbahnlinie. Nach einer Weile kam es während des Fluges zu starken Turbulenzen. Dies hatte zur Folge, dass der bereits durch Motorenlärm genervte Journalist nun auch noch unter starker Übelkeit und zunehmendem Druck in seinen Ohren zu leiden hatte. Der Journalist hob den Blick und wunderte sich darüber, dass die Pilotin still und ruhig anscheinend in ihre eigene Welt versunken war und offenbar sehr starke Nerven hatte.

Gegen Ende des Jahres 1920 entstand eine Zeichnung mit einem Porträt von Elsa Andersson, die eine ihrer besten

Luftschiffbau-Ingenieur Otto Heinecke (nach 1938 gestorben).
Foto: Archiv Oscar Rimondi (gestorben 2004),
Bahia Blanca, Argentinien

Freundinnen, die in Vegeholm aufgewachsene Astrid Dahl, angefertigt hat. Die Zeichnung trägt die Unterschrift von Dahl und das Datum 24. Dezember 1920. Astrid Dahl zog nach Kopenhagen (Dänemark), machte als Malerin und Modeschöpferin Karriere, schuf Designer-Kleidung für Babys und verbrachte ihre letzten Lebensjahre auf der dänischen Insel Amager.

Nach dem Erhalt des Pilotenscheins strebte die unabhängige, mutige und unkonventionelle Elsa Andersson in Schweden eine Ausbildung zur Fallschirmspringerin an. Aber dazu kam es nicht, weil sich der einzige auf diesem Gebiet tätige schwedische Experte, der Fallschirmspringer Raoul Thörnblad (1891–1956), weigerte, eine Frau zu unterrichten. Elsa ließ sich dadurch nicht entmutigen, reiste im Herbst 1921 nach Deutschland, besuchte dort die Fallschirmspringerschule des Luftschiffbau-Ingenieurs Otto Heinecke (nach 1938 gestorben) in Berlin und erhielt theoretischen Unterricht. Ihre praktische Ausbildung erhielt sie von der holländischen Fallschirmspringerin Lise Bamberg. Am 28. September 1921 nahm Elsa glücklich ihr Zertifikat über die im Elsass, das damals wieder zu Frankreich gehörte, zugelassene Fallschirm-Ausbildung entgegen. Ob sie in Berlin ihre zwei zur Ausbildung als Fallschirmspringerin gehörigen Sprünge machte, ist nicht bekannt. In Deutschland waren nach dem Ersten Weltkrieg bis 1922 der Besitz und das Fliegen mit Motorflugzeugen verboten.

Der Fotograf Gustav Brink in Ängelholm fertigte von Elsa Andersson ein Foto mit Fallschirm und voller Ausrüstung an. Diese Aufnahme befindet sich im Besitz der Familie. Ein im Herbst 1921 entstandenes Foto zeigt Elsa auf einem Trainingsgelände in Helsingborg zusammen mit dem Piloten Karl

Bernhard Liljeberg (1932 gestorben) vor einer Maschine, in der sie später in Kristianstad und in Helsingborg mitflog. Elsa Anderssons erster Fallschirmsprung in ihrem Heimatland Schweden erfolgte bereits am Sonntag, 2. Oktober 1921, bei einem Flugtag auf dem Truppenübungsplatz Nasby in Kristianstad. Bei herrlichem Herbstwetter sprang sie vor Tausenden von Zuschauern aus rund 700 Meter Höhe ab und landete feucht, aber völlig unversehrt bei Araslövssjön im Schilf eines Feuchtgebietes. Damit war sie auch die erste schwedische Fallschirmspringerin. Schwedische Journalisten bewunderten in ihren Artikeln über diesen Auftritt die todesmutige Fallschirmspringerin. Auch viele Landsleute zollten ihr große Anerkennung, weil sie beweise, dass Männer die neue Ära der Autos und Flugzeuge nicht allein dominierten. Es gab aber auch männliche Zeitgenossen, die ihren Kopf über die Fallschirmspringerin schüttelten. Was diese tue, sei nicht geeignet für Frauen und eine Schande für ihr Geschlecht, meinten sie.

Eine Woche später wagte Elsa Andersson am Sonntag, 9. Oktober 1921, einen zweiten Fallschirmabsprung bei einem Flugtag in Helsingborg, bei dem sie sich einen Fuß verstauchte. Vorher hatten sich ein deutscher und ein schwedischer Pilot geringschätzig über ihren Fallschirm geäußert, den sie abfällig – nach seinem Erfinder Otto Heinecke – als „Heinecke-Tasche" bezeichneten. Der Deutsche wollte diesen Fallschirm nicht für eine Million benutzen, der Schwede nur in Todes-gefahr. Im Ersten Weltkrieg hatte der Heinecke-Fallschirm vielen deutschen Militärpiloten das Leben gerettet.

Vor mehr als 4.000 Zuschauern unternahm die 24-jährige Elsa Andersson am Sonntag, 22. Januar 1922, bei einem von der Örebro-Fluggesellschaft organisierten Flugtag über dem

zugefrorenen Alsen-See bei Askersund ihren dritten Fallschirmsprung. Kopfüber sprang sie aus einer Höhe von schät-
zungsweise 600 bis 700 Metern aus dem von dem Piloten Carl
Albin Lundberg gesteuerten gelben „Albatros"-Flugzeug ab,
wobei sich unglücklicherweise die Zugleine des Fallschirms
um einen ihrer Arme wickelte.

Durch ihr Fernglas konnten manche Zuschauer beobachten,
wie die wie ein Blitz zu Boden fallende Elsa verzweifelt
versuchte, die verheddterte Zugleine zu entwirren. Kurz über
Baumwipfeln in etwa 50 Meter Höhe konnte Elsa zwar noch
den Fallschirm öffnen, aber dies war bereits zu spät und sie
schlug nahezu ungebremst auf einem felsigen Hügel neben
dem See auf und war sofort tot. Beim Aufprall waren ihr Kopf
schwer verletzt sowie beide Arme und Beine gebrochen
worden. Als ihr Vater die Nachricht über ihren Tod erfuhr,
eilte er sofort nach Askersund.

Einige Tage später wurde Elsa Andersson am Montag, 30.
Januar 1922, unter großer Anteilnahme der Bevölkerung auf
dem Kirchenfriedhof von Strövelstorp bestattet. An der Bei-
setzung nahmen fast tausend Menschen teil. In einer Grabrede
hieß es, die Zeitgenossen von Elsa würden ihre Arbeit
vielleicht nicht verstehen. Die Fahnen in ihrem Wohnort
standen auf Halbmast und die Straße vor ihrem Geburtshaus
bei Vegeholm und vor der Kirche in Strövelstorp war mit
Tannenzweigen geschmückt. Königin Victoria von Schweden
(1862–1930) schickte dem Vater von Elsa Andersson ein
Telegramm und drückte ihm darin ihr tiefes Bedauern über
den Tod seiner Tochter aus. Dieses Telegramm blieb bis heute
erhalten. Im alten Teil des Friedhofes in Strövelstorp wird
das Grab von Elsa häufig besucht und oft mit frischen Blumen
geschmückt. Der Grabstein ist mit einem Flugzeugpropeller
mit beiderseitigen Vogelschwingen, einer Inschrift und einem

Königin Victoria von Schweden (1862–1930),
geborene Sophie Marie Victoria von Baden,
auf einem Foto vor 1900.
Foto: Gösta Flormann (1831–1900)
(via Wikimedia Commons), Lizenz: gemeinfrei (Public domain)

Bild von Elsa versehen. Die Grabinschrift lautet. „Elsa Andersson * 27. 4. 1997 + 22. 1. 1922 Skandinaviens första och enda Aviatris".

Eine Kommission, die den Todessturz untersuchte, stellte fest, dass sich eine Leine des Fallschirms um den linken Arm von Elsa Andersson gewickelt hatte. Im Gegensatz zu ihren früheren Absprüngen war Elsa nicht aus dem Cockpit direkt, sondern auf dem linken Flügel des Flugzeuges stehend abgesprungen. Hinzu kam, dass die Rückseite der grünen Fallschirmtasche zu wenig Raum dafür bot, dass sich der Fallschirm entfalten konnte. Die Berichte über den tragischen Unfall von Elsa standen in den schwedischen Zeitungen neben Artikeln über den Tod von Papst Benedikt XV. (1854–1922), der am 22. Januar 1922 im Alter von 67 Jahren einer Lungenentzündung erlegen war.

Bis heute wurde viel spekuliert, warum sich Elsa Andersson nicht als Schwedens erste Pilotin mit dem Fliegen begnügt und was sie zu ihren draufgängerischen Fallschirmsprüngen bewogen hat. War es der Eifer, ein sensationshungriges Publikum zu begeistern? Hatte sie eine wachsende Vorliebe für Gefahr? Vollzog sie einen politischen Akt für die Gleichberechtigung der Geschlechter? Oder fühlte sie vielleicht nur gern den Wind in ihrem Haar?

Von dem tödlich ausgegangenen Absprung von Elsa Andersson war der erwähnte Pilot Carl Alban Lundberg so sehr geschockt, dass er einige Zeit keine weiteren Flüge mehr unternahm. Der deutsche Luftschiffbau-Ingenieur Otto Heinecke kaufte den Unglücks-Fallschirm, den Elsa benutzt hatte, und ließ dessen Zuverlässigkeit durch die Fallschirmspringerin Elise Schneider in Schweden testen. Später kaufte der ehemalige schwedische Luftwaffen-Offizier Arnold Waldau

Foto auf Seite 25:

Grabstein von Elsa Andersson
auf dem alten Teil des Friedhofes in Strövelstorp.
Foto: Linda Kvist,
http://cousinlinda.blogspot.de/2013/02/tombstone-tuesday-
elsa-andersson-first.html

(1933 gestorben) diesen Fallschirm und sprang damit in
Schweden und Norwegen ab. Wo sich der Original-Fallschirm
von Elsa heute befindet, weiß man nicht mehr.

Auf dem Friedhof von Strövelstorp sind auch der Vater Nils
Edvard Andersson, die Schwester Stina und die Haushälterin
Frida Maria Bengtssson zu Grabe getragen worden. Der Vater
starb am 27. Januar 1943 mit 79 Jahren, die Haushälterin Frida
Maria am 21. Febraur 1964 mit 83 Jahren und die Schwester
Stina am 23. Februar 1995 mit 91 Jahren. Nach der Erinnerung
von Bo Larsson soll der Vater mürrisch gewesen sein. Die
Schwester Stina war eine beliebte Krankenschwester und
spielte gern Canasta. Sie wird als „ein wenig mürrisch und
zurückhaltend" beschrieben. Nach Ansicht einiger Zeitgenossen besaß sie aber eine „humorvolle Ader". Der Bruder
Nils Harald arbeitete als Elektriker für „Halls Strom" in
Helsingborg und starb 1952 auf dem Weg zu einer Ab-
schiedsfeier für seinen Bruder Sture aus Amerika, der damals
Schweden besucht hatte. Die Ehefrau von Nils Harald hieß
Svea und eine seiner Nichten war die 1950 geborene Schauspielerin Beatrice Järas. Der in die USA ausgewanderte Sture
war verheiratet und hatte Zwillingstöchter.

Einer derjenigen, welche die Erinnerung an Elsa Andersson
wachhielten, war der sieben Jahre nach deren Tod geborene
Bo Larsson (1929–2011), der ehemalige Lehrer und Leiter der
Bibliothek in Strövelstorp. Er wohnte gegenüber dem Friedhof
von Strövelstorp, auf dem Elsa zur letzten Ruhe gebettet
wurde. Larsson hatte Kontakt mit Verwandten von Elsa sowie
Zugang zu Dokumenten, Briefen, vergilbten Zeitungsaus-
schnitten und Fotos aus dem Besitz der berühmten Fliegerin
und Fallschirmspringerin sowie deren Familie. Unter diesen
in der Bibliothek aufbewahrten Papieren befinden sich der

Ausbildungsvertrag der Flugschule von Enoch Thulin aus dem Jahre 1919 mit Elsa, deren von der „Kungliga Svenska Aeronautiska Sällskapet" („SAS") am 30. Mai 1921 ausgestellte Fluglizenz und das Beileidstelegramm der schwedischen Königin Victoria an den Vater von Elsa nach dem tödlichen Absturz seiner Tochter. Auch ein „Hausfrauenbuch" mit zahlreichen Eintragungen in schöner Handschrift aus dem ehemaligen Besitz der Mutter von Elsa ist noch vorhanden. In ein kleines Notizbuch hatte Elsa mit schöner Handschrift 49 Rätsel und Antworten eingetragen. Das bereits begonnene 50. Rätsel blieb unvollendet.

Die Eltern von Bo Larsson waren mit Stina, der jüngeren Schwester von Elsa Andersson gut befreundet. Stina verbrachte ihre letzten Lebensjahre in einem Pflegeheim. Nach ihrem Tod im Jahre 1995 fand das Pflegepersonal in einer Schachtel die erwähnte Zeichnung aus dem Jahre 1920 von Astrid Dahl mit dem Porträt von Elsa Andersson,. Außerdem kannten die Eltern von Larsson den Vater Nils Edvard Andersson, der gern mit seinem Gewehr auf der Schulter und seinem Hund als Begleiterauf die Jagd ging, sowie die Haushälterin Frieda Maria Bengtsson. 2001 reiste der schwedische Journalist Roland Classon nach Strövelstorp, um über das Andenken von Elsa Andersson einen Artikel zu verfassen. Den Stammbaum von Elsa Andersson haben Gert Pählsson aus Trelleborg und Niklas Hertzman aus Malmö intensiv erforscht. Sie verfolgten ihn zehn Generationen zurück. Urvater war der Gerichtsvollzieher Helje Jonsson, der um 1600 lebte, aus der Pfarrei Heben. Vorfahren von Elsa lebten in den Pfarreien Strövelstorp, Ausas, Välinge, Heben, Björnekulla, Össjö, Norra Vram, Kattarp, Kvidinge, Körper, Allerum

Foto auf Seite 29:

Drei Meter hoher Gedenkstein in Form eines Obelisken
am Absturzort von Elsa Andersson
nahe des Alsen-Sees bei Askersund.
Foto: Swedish Aviation Historical Society, Stockholm,
Fotograf: Lennart Arjevall

und Cool. Die meisten davon waren Grundbesitzer, Polizisten oder Schulmeister.

Vier Jahre nach dem tödlichen geendeten Fallschirmsprung von 1922 errichtete der königliche schwedische Aero-Club 1926 am Absturzort von Elsa Anderssson einen drei Meter hohen Gedenkstein in Form eines Obelisken. Zu diesem Denkmal führt ein etwa 600 Meter langer, hügeliger Fußweg. Von dort aus bietet sich eine herrliche Aussicht auf den Alsen-See.

1996 veröffentlichte der schwedische Autor Jacques Werup den Roman „Den ofullbordade himlen" („Der unvollendete Himmel", in dem er das Leben von Elsa Andersson schilderte. Basierend auf diesem Roman entstand 2001 der 154 Minuten lange halbdokumentarische, halbfiktive Porträtfilm „Sa vit som en snö" („So weiß wie der Schnee"), in dem die schwedische Schauspielerin Amanda Ooms (geboren 1964) die Rolle der schwedischen Luftfahrtpionierin spielte. Am 16. Februar 2001 feierte dieser Film in Schweden seine Premiere.

Die Handlung dieses Films, der 2001 bei den „Nordischen Filmtagen Lübeck" gezeigt wurde: Elsa Andersson wächst zu Beginn des 20. Jahrhunderts auf einem schwedischen Bauernhof auf. Sie ist ein einfühlsames und rebellisches Kind, das nie verwinden kann, dass die Mutter bei der Geburt der jüngeren Schwester Stina gestorben ist und der Vater bald darauf die Haushälterin Frida Bengtsson geheiratet hat. Mit 22 Jahren wird Elsa als erste Frau an der Fliegerschule in Ljungbyhed aufgenommen. Viele Männer verehren sie, aber der, den sie liebt, kommt bei einem Flugzeugabsturz ums Leben. Sie folgt einem deutschen Fallschirmfabrikanten nach Berlin und lässt sich von der Holländerin Lise Bamberg im Fallschirmspringen ausbilden. Zurück in Schweden fordert sie als Fallschirmspringerin bei Schausprüngen das Schicksal heraus.

Nicht im Einklang mit dieser Filmbeschreibung steht die Auskunft von Linda Kvist, die auf ihrer Internetseite „Cousin Linda" den Artikel „Tombstone Tuesday – Elsa Andersson, first female pilot in Sweden" in englischer Sprache veröffentlicht hat. Laut Kvist werden auf der CD „The Swedish Deathbook 6" Frida Bengtsson als unverheiratete Frau und Nils Edvard Andersson als Witwer bezeichnet. Merkwürdig ist allerdings, dass Nils Edvard Andersson, seine erste Frau Alma Gustava Andersson, seine „Haushälterin" Frida Maria Bengtsson und seine Tochter Stina Gunborg alle im Grab mit derselben Nummer („Gravnummer 1 7C 26, 27") beerdigt sind. Der Film „So weiß wie der Schnee" über Elsa Andersson gilt als „episch angelegtes, opulent bebildertes Porträt einer mutigen Frau". Regie dabei führte der schwedische Regisseur Jan Troell. Beim Betrachten eines alten vergilbten Fotos von Elsa Andersson faszinierte ihn deren Blick voller Melancholie. Dabei wunderte er sich, dass diese angesichts dessen, was sie als erste Fliegerin und Fallschirmspringerin in Schweden geleistet hatte, nicht stolz und stark aussah. Troell kam 1931 in Linhamn bei Malmö im südschwedischen Schonen zur Welt. In dieser Landschaft, aus der – wie erwähnt – auch Elsa Andersson stammt, spielen viele seiner Filme. Dort arbeitete er zunächst neun Jahre lang als Lehrer und drehte gleichzeitig seine Kurz- und Dokumentarfilme. Seinen Durchbruch schaffte er mit der epischen Verfilmung der vielgelesenen Romane „Die Auswanderer" (1971) und „Das neue Land" von Vilhelm Moberg (1898–1973). 2002 wurde „So weiß wie der Schnee" von den schwedischen Filmkritikern mit dem „Guldbagge" als bester schwedischer Film des Jahres ausgezeichnet.

Im „Ängelholm Flygmuseum" in Ängelholm auf Schonen
erinnert eine Gedenkausstellung an das Leben der ersten
schwedischen Pilotin und Fallschirmspringerin Elsa Anderson.

Literatur

AKESSON, May-Stina: Strövelstorps flygpionjär.
In: Ängelholm – en hembygdsbok, Ängelholm 1996
COUSIN LINDA: Tombstone Tuesday – Elsa Andersson,
first female pilot in Sweden
http://cousinlinda.blogspot.de/2013/02/tombstone-
tuesday-elsa-andersson-first.html
GENI
http://www.geni.com/people/Elsa-Andersson/
6000000004325713769
HUSH KIT (The alternative aviation magazine)
http://hushkit.net/2012/06/21/elsa-andersson-swedens-
flying-farmgirl/
PROBST, Ernst: Königinnen der Lüfte von A bis Z.
Biografien berühmter Fliegerinnen, Ballonfahrerinnen,
Luftschifferinnen, Fallschirmspringerinnen und
Astronautinnen, München 2010
STRÖVELSTORPS BIALAG
http://www.strovelstorp.nu/?page_id=184
WERUP, Jacques: Den ofullbordade himlen. Stockholm
1996.
WIKIPEDIA (Online-Lexikon) Elsa Andersson (deutsch)
http://de.wikipedia.org/wiki/Elsa_Andersson
WIKIPEDIA (Online-Lexikon) Elsa Andersson
(schwedisch)
http://sv.wikipedia.org/wiki/Elsa_Andersson

Sophie Blanchard (1778–1819)
Bild: Reproduktion eines Kupferstiches von Jules Porreau
aus dem Jahre 1859, der nach ihrem Tod entstand

Frauen in der Luftfahrt

4. Juni 1784: Die französische Opernsängerin Elisabeth Thible, nach anderer Schreibweise auch Tible, fliegt in Lyon als erste Frau in einem Heißluftballon (Montgolfière) mit.

10. November 1798: Die Französin Jeanne Labrosse (1775–1845), die Ehefrau des Luftakrobaten André-Jacques Garnerin (1769–1823), unternimmt als erste Frau selbstständig einen Flug in einem Ballon.

12. Oktober 1799: Jeanne Labrosse wagt als erste Frau der Welt aus einer Höhe von rund 900 Metern einen Fallschirmsprung.

7. Juli 1819: Die erste professionelle Luftschifferin Frankreichs, Madeleine Sophie Blanchard (1778–1819), kommt in Paris bei einer Ballonfahrt als erste Frau beim Fliegen ums Leben.

Um 1850: Die französische Fallschirmspringerin Rosalie Poitevin (1819–1908) stellt in Parma (Italien) mit einem Sprung aus rund 2.000 Metern einen Frauenrekord auf, der erst 1931 von der Deutschen Lola Schröter (1906–1953) überboten wird.

4. Juli 1880: Mary Hawley Myers (1849–1932) unternimmt in Little Falls (New York) als erste Amerikanerin einen Alleinflug mit einem Ballon.

19. Juli 1893: Käthe Paulus (1868–1935) unternimmt in Nürnberg (Bayern) zusammen mit ihrem Verlobten Hermann Lattemann (1852–1894) ihren ersten Ballonflug. Sie gilt als erste Luftschifferin in Deutschland.

1893: Die Luftschifferin Käthe Paulus wird in Elberfeld bei Wuppertal die erste deutsche Fallschirmspringerin.

9. Juli 1903: Die Amerikanerin Aida de Acosta (1884–1962) unternimmt in Paris als erste Frau einen Alleinflug in einem lenkbaren Luftschiff.

1906: Die Amerikanerin E. Lillian Todd (1865–1937) entwirft und baut als erste Frau ein Flugzeug, das allerdings nie fliegt.

8. Juli 1908: Die französische Bildhauerin Thérésè Peltier (1873–1926) unternimmt in Turin (Italien) an Bord eines Doppeldeckers zusammen mit dem französischen Piloten Léon Delagrange (1873–1910) den ersten Flug mit einem weiblichen Passagier.

7. Oktober 1908: Edith Berg fliegt als erste Amerikanerin in Le Mans (Frankreich) in einem Flugzeug mit. Sie ist eine Passagierin des amerikanischen Luftpioniers Wilbur Wright (1867–1912) und die Ehefrau von Hart O. Berg, des europäischen Agenten von Wright.

26. Oktober 1909: Die Französin Marie Marvingt (1875–1963) fliegt als erste Frau mit einem Ballon von Frankreich nach England.

8. März 1910: Die französische Schauspielerin Raymonde de Laroche (1844–1919) wird die erste Pilotin der Welt.

9. April 1910: Hélène Dutrieu (1877–1961) wird die erste Pilotin in Belgien.

19. April 1910: Hélène Dutrieu fliegt als erste Frau der Welt einen Passagier.

Sommer 1910: Hilda Hewlett (1864–1943) wird Mitbegründerin der ersten Flugschule in England.

2. September 1910 (oder 6. September oder Mitte Oktober): Blanche Stuart Scott (1889–1970) wird angeblich die erste amerikanische Pilotin. Ihr Flug wird von der „Aeronautical Society of America" nicht anerkannt, weil er zufällig erfolgt.

16. September 1910: Bessica Medlar Raiche (1875–1932) wird angeblich die erste amerikanische Pilotin.

8. November 1910: Marie Marvingt wird die dritte Frau mit Pilotenlizenz in Frankreich.

1. August 1911: Harriet Quimby (1875–1912) wird die erste Amerikanerin mit Pilotenlizenz.

10. August 1911 (4. September 1911) : Lidija Swerewa (1890–1916) wird die erste Pilotin in Russland.

17. August 1911: Matilde Moissant (1878–1964) wird die zweite Amerikanerin mit Pilotenlizenz.

29. August 1911: Hilda Hewlett wird erste Britin mit Pilotenlizenz.

4. September 1911: Harriet Quimby unternimmt als erste Frau
einen Nachtflug.

13. September 1911: Melli Beese-Boutard (1886–1925) legt
als erste Deutsche die Pilotenprüfung ab.

10. Oktober 1911: Beatrix de Rijk (1883–1958) wird eine der
ersten Pilotinnen in Holland.

Dezember 1911: Die Amerikanerinnen Harriet Quimby und
Matilde Moisant (1878–1964) unternehmen als erste Pilotinnen
einen Flug über Mexiko.

16. April 1912: Harriet Quimby überfliegt als erster weiblicher
Pilot den Ärmelkanal (Englischer Kanal).

Juli 1912: Lilly Steinschneider (1891–1975) wird die erste Pilotin
in Österreich-Ungarn.

2. September 1912: Die Französin Jeanne Pallier (1871–1939)
fliegt bei ihrer Pilotenprüfung als erste Frau über Paris.

1912: Die Pilotin Ruth Law (1887–1970) fliegt als zweite
Amerikanerin bei Nacht.

21. November 1912: Die russische Pilotin Ljuba Galanschikoff
(1884–1968) stellt einen Höhenweltrekord für Frauen auf. Sie

erreicht mit einem geliehenen Fokker-Eindecker eine Höhe von 2.000 Metern.

5. Januar 1913: Rosina Ferrario (1888–1959) erhält als erste Pilotin in Italien vor dem Ersten Weltkrieg eine Fluglizenz.

31. Juli 1913: Die amerikanische Pilotin Alys McKey („Tiny") Bryant (1880–1954) unternimmt in Vancouver den ersten Flug einer Frau in Kanada. Ihre Flüge in Kanada waren Teil des Unterhaltungsprogramms für den Prinzen von Wales und den Herzog von York, die Vancouver und Victoria besuchen.

20. August 1913: Ljuba Galanschikoff unternimmt zusammen mit dem Piloten Léon Letort (1888–1913) den ersten Flug innerhalb eines Tages von Berlin nach Paris.

September 1913: Katherine Stinson (1891–1977) betätigt sich in Montana als erste Luftpostpilotin der USA.

1913: Hélène Dutrieu wird erstes weibliches Mitglied der „Pariser Luftwache" und schützt die französische Hauptstadt im Ersten Weltkrieg (1914–1918) vor Angriffen deutscher Flugzeuge und Militärluftschiffe.

19. Mai 1914: Die russische Pilotin Lydija Swerewa (1890–1916) fliegt in Riga (Litauen) als erste Frau einen Looping (Kunstflugfigur in senkrechter Kreisbahn).

6. Juni 1914: Else Haugk (1889–1973) wird die erste Pilotin der Schweiz.

1914: Prinzessin Eugenie Michailowna Shakhovskaya (1889–1920) wird die erste russische Militärpilotin. Sie unternimmt als Fähnrich im Dienste des Zaren etliche Aufklärungsflüge.

1915: Die Schwestern Marjorie Stinson (1896–1975 und Katherine Stinson (1891–1977) betreiben mit ihrer Mutter Emma Beaver Stinson in Texas die erste von Frauen geleitete Flugschule.

17. Januar 1915: Ruth Law (1887–1970 wagt in Daytona Beach (Florida) als erste amerikanische Pilotin einen Looping. Ihrer Landsmännin Katherine Stinson glückt dieses Kunststück am 18. Juli 1915 über dem Flugplatz „Cicero Field" in Chicago.

1915: Nahdeshda Degtera, deren Geburts- und Todesdatum unbekannt sind, ist die erste russische Pilotin, die bei einem Kampfeinsatz im Ersten Weltkrieg verwundet wird.

1916: Die Deutsche Käthe Paulus erfindet den zusammenlegbaren Fallschirm.

12. Juli 1919: Raymonde de Laroche stellt einen Höhenrekord für Frauen auf (4.800 Meter).

1919: Ruth Law befördert als erster Flieger Luftpost zu den Philippinen.

30. Mai 1920: Elsa Andersson (1897–1922) wird die erste schwedische Pilotin.

15. August 1920: Die amerikanische Pilotin Laura Bromwell (1899–1920) fliegt 87 Loopings und schafft damit einen Weltrekord.

1. April 1921: Die französische Pilotin Adrienne Bolland (1896–1975) fliegt als erste Frau über die Anden.

Mai 1921: Laura Bromwell fliegt 199 Loopings und stellt damit einen neuen Weltrekord auf.

15. Juni 1921: Die schwarze Amerikanerin Bessie Coleman (1893–1926) erhält in Frankreich ihre Fluglizenz und wird die erste afro-amerikanische Pilotin.

2. Oktober 1921: Elsa Andersson ist nach einem Absprung in Kristianstad die erste schwedische Fallschirmspringerin.

8. April 1922: Teresa de Marzo (1903–1986) wird die erste Pilotin in Brasilien.

1922: Tadashi Hyodo (1899–1980) wird die erste Pilotin in Japan.

3. September 1922: Bessie Coleman unternimmt den ersten öffentlichen Flug einer afro-amerikanischen Pilotin in den USA. Dabei springt der farbige Stuntman Hubert Fauntleroy Julian mit einem Fallschirm ab.

Oktober 1922: Lillian Gatlin aus Santa Ana (Kalifornien) wird die erste Passagierin bei einem Flug über Amerika. Sie reist von San Francisco (Kalifornien) nach Mineola (New York).

Der 2.680 Meilen-Nonstop-Flug dauert 27 Stunden 11 Minuten.

1925: Thea Rasche (1899–1971) wird erste Deutsche mit Kunstflugschein.

1925: Kwon Ki-ok (1901–1988) wird die erste Pilotin aus Korea.

1925: Lady Mary Heath (1896–1939) erhält als erste Frau in Großbritannien eine kommerzielle Fluglizenz.

28. März 1927: Millicent Maude Bryant (1878–1927) wird die erste Pilotin in Australien.

Mai 1927: Lady Mary Heath stellt mit 17.000 Fuß (umgerechnet 5.100 Meter) einen Höhen-Weltrekord für Leichtflugzeuge auf.

Ende August 1927: Prinzessin Anne Löwenstein-Wertheim (1864–1927) scheitert beim Versuch einer Atlantiküberquerung von England nach Amerika und kommt dabei ums Leben.

September 1927: Elinor Smith wird im Alter von 16 Jahren die damals jüngste Pilotin der USA.

Oktober 1927: Die Amerikanerin Ruth Elder (1902–1977) scheitert beim Versuch einer Atlantiküberquerung von England nach Amerika.

1927: Phoebe Fairgrave Omlie (1902–1975) wird die erste von der „Civil Aeronautics Administration" („CAA") zugelassene Flugzeugmechanikerin der USA.

1927: Lady Mary Heath unternimmt als erste Frau einen Alleinflug von Südafrika nach England.

1927: Die irische Pilotin Mary Bayley (1890–1960) fliegt als erste Frau über die Irische See.

Januar 1928: Ruth Rowland Nichols (1901–1960) unternimmt zusammen mit dem Piloten Harry Rogers den ersten Nonstop-Flug von New York nach Miami (Florida).

17. und 18. Juni 1928: Die amerikanische Fliegerin Amelia Earhart (1897–1937) fliegt zusammen mit dem Piloten Wilmer Stultz (1899–1929) und dem Mechaniker Louis Gordon von New York nach Paris. Sie ist die erste Frau, die an Bord eines Flugzeuges den Atlantik überquert.

27. Juli 1928. Lady Mary Heath fliegt als erste Frau der Welt ein Passagierflugzeug. Der Start erfolgt in Amsterdam (Niederlande), die Landung in Croydon (Großbritannien).

1928: Maryse Bastié (1898–1952) erwirbt als erste Französin den Führerschein für Passagierflugzeuge.

1928: Die deutsche Pilotin Marga von Etzdorf (1907–1933) wird erste Kopilotin der „Deutschen Luft Hansa" (damalige Schreibweise).

1928: Die irische Pilotin Mary Heath fliegt als erste Frau allein vom „Kap der Guten Hoffnung" (Südafrika) nach Kairo (Ägypten).

1928: Die amerikanische Pilotin Phoebe Fairgrave Omlie fliegt als erste Frau mit einem Leichtflugzeug über die Rocky Mountains.

Oktober 1928: Die deutsche Pilotin Erika Naumann stellt zusammen mit dem schweizerischen Fliegerhauptmann Wirth bei einem Flug von Böblingen (Süddeutschland) nach Wilna (Litauen) einen Weltrekord auf. Die Flugstrecke beträgt 1.305 Kilometer.

17. Dezember 1928: Die amerikanische Pilotin Marjorie Stinson wird bei der Gründungsversammlung der „Early Birds" in Chicago das erste weibliche Mitglied. Bedingung für die Aufnahme bei den „Early Birds" ist für Amerikaner, dass sie bereits vor dem Eintritt der USA in den Ersten Weltkrieg am 17. Dezember 1916 erstmals allein geflogen sind. Für Piloten aus Europa gilt der 4. August 1914 als Stichtag für die Aufnahme bei den „Early Birds".

1928/1929: Mary Bailey (1890–1960) fliegt als erste Frau allein von England nach Südafrika und wieder zurück. Hinflug vom 9. März bis 30. April 1928, Rückflug vom September 1928 bis 16. Januar 1929.

2. Januar 1929: Evelyn („Bobby") Trout unternimmt in Los Angeles (Kalifornien) als erste Frau einen Ganze-Nacht-Flug, der 12 Stunden 11 Minuten dauert.

1929: Florence „Pancho" Barnes" (1901–1975) wird die erste amerikanische Stuntpilotin. Sie wirkt in dem Film „Hells Angels" mit, der 1929 in die Kinos kommt.

1929: Phoebe Fairgrave Omlie wird die erste amerikanische Transportpilotin.

1929: Ilse Esser (1898–1994) promoviert als erste Deutsche in Luftfahrttechnik.

August 1929: Die britische Reporterin Grace Marguerite Hay Drummond-Hay (1895–1946) fliegt als erste Frau mit einem Luftschiff um die Welt. Der Flug erfolgt im deutschen Luftschiff „LZ-127 Zeppelin".

18. bis 26. August 1929: Die amerikanische Pilotin Louise Thaden (1905–1979) gewinnt das erste „Cleveland Women's Air Derby", den ersten Überlandflug-Wettbewerb für Pilotinnen, der scherzhaft als „Powder-Puff-Derby" bezeichnet wird. Der Start erfolgt in Santa Monica (Kalifornien), Ziel ist Cleveland (Ohio), gesamte Flugstrecke mehr als 2.700 Meilen (rund 4.500 Kilometer). Zweite wird Gladys O'Donnel, Dritte Amelia Earhart. Beim legendären „Powder-Puff-Derby" gehen insgesamt 20 Pilotinnen an den Start, von denen 18 aus den USA stammen: Florence („Pancho") Barnes, Marvel Crosson, Amelia Earhart, Ruth Elder, Claire Fahy, Edith Foltz, Mary Haizlip, Jessie Keith-Miller (Australien), Opal Kunz, Ruth Nichols, Blanche Noyes, Gladys O'Donnell, Phoebe Omlie, Neva Paris, Margaret Perry, Thea Rasche (Deutschland), Louise Thaden, Bobbi Trout, Mary von Mach und Vera Dawn Walker. Davon erreichen 13 Frauen das Ziel. Den scherzhaften

Begriff „Powder-Puff-Derby" („Puderquastenrennen") hat der Komiker Will Rogers (1879–1935) geprägt. Er beruht auf dem Kosmetik-Utensil, mit dem sich die Pilotinnen nach den Landungen puderten.

2. November 1929: Amelia Earhart gründet zusammen mit vier anderen bekannten Pilotinnen auf dem Flugplatz „Curtiss Field" in Valley Stream, Long Island (New York), den „Club der Neunundneunzig" („Ninety Nines"), der die Stellung der Frauen in der Luftfahrt stärken soll. Einen solchen Club hatte Clara Trenckman Studer, eine flugbegeisterte Assistentin und Helferin ohne Pilotenschein, angeregt. Die Einladung zur Gründungsversammlung war am 9. Oktober 1929 an 117 Pilotinnen in den USA verschickt und von Fay Gillis, Margorie Brown, Frances Harrel und Neva Paris unterzeichnet worden. Zur Gründungsversammlung kommen 26 Pilotinnen nach Valley Stream, nur vier davon mit dem Flugzeug, die anderen wegen schlechten Wetters mit dem Zug. Ein zweites Treffen erfolgt am 14. Dezember 1929 in New York City. Dabei macht Jean Davis Hoyt (gestorben 1988) den Vorschlag, den Club nach der Zahl der Frauen in den USA zu benennen, die einen Pilotenschein besitzen und Interesse an der Gründung des Clubs zeigen. Neva Paris soll die Wahl einer Präsidentin koordinieren, doch sie kommt Anfang 1930 bei einem Flugzeugabsturz ums Leben. Louise Thaden fungiert als „provisorische Präsidentin" des Clubs. Bald gehörten 99 Fliegerinnen zum Club und dessen Name steht fest. 1931 wird Amelia Earhart zur Präsidentin gewählt und bleibt dies bis 1933. „Ninety Nines" behauptet sich bis heute und zählt derzeit weltweit mehr als 20.000 Mitglieder.

November 1929: Die amerikanischen Pilotinnen Evelyn („Bobby") Trout (1906–2003) und Elinor Smith (geboren 1911) unternehmen den ersten Frauenflug mit Luftbetankung.

Dezember 1929: Amy Johnson (1903–1941) wird die erste Flugzeugmechanikerin in Großbritannien.

5. bis 24. Mai 1930: Die britische Pilotin Amy Johnson-Mollisson (1903–1941) fliegt als erste Frau allein von England nach Australien.

1930: Die britische Fliegerin Beryl Markham (1902–1986) wird die erste Berufspilotin Afrikas.

1930: Anne Morrow Lindbergh (1906–2001) wird die erste Segelfliegerin der USA.

6. März 1931: Ruth Rowland Nichols stellt mit 8.760,9 Metern einen Höhen-Weltrekord für Frauen auf.

13. April 1931: Ruth Rowland Nichols stellt mit 339,1 Stundenkilometern einen Geschwindigkeits-Weltrekord für Frauen auf.

1931: Leyla Mammadbeyova (1909–1989) wird die erste Pilotin in Aserbaidschan.

Juni 1931: Ruth Rowland Nichols scheitert beim Atlantiküberflug.

18. bis 29. August 1931: Die deutsche Pilotin Marga von Etzdorf (1907–1933) fliegt allein von Berlin nach Tokio.

1931: Pauline Mary Gower (1910–1947) betreibt den ersten Lufttaxidienst in Großbritannien.

1931: Die deutsche Pilotin Vera von Bissing (1906–2002) beherrscht als einzige Frau den Looping nach vorn.

1931: Die deutsche Fallschirmspringerin Lola Schröter (1906–1953) stellt mit einem Sprung aus 6.000 Metern Höhe einen Frauenrekord auf.

Oktober 1931: Hazel Ying Lee (1912–1944) erhält als eine der ersten chinesisch-amerikanischen Frauen eine Fluglizenz.

4. Dezember 1931: Die deutsche Fliegerin Elly Beinhorn (1907–2007) startet zu einem erfolgreichen Weltflug. Sie ist die erste Frau, die alle fünf Erdteile mit dem Flugzeug überfliegt.

26. Dezember 1931: Die australische Pilotin Maude Rose „Lores" Bonney (1897–1994) unternimmt den längsten Ein-Tages-Flug einer Frau von Brisbane nach Wangaratta (1.600 Kilometer).

20. Mai 1932: Die amerikanische Fliegerin Amelia Earhart fliegt mit einem einmotorigen Flugzeug als erste Frau über den Atlantik. Sie startet in Harbor Grace (Neufundland) und landet unweit von Londonderry (Nordirland).

Mai 1932: Die deutsche Schauspielerin und Pilotin Antonie Strassmann (1901–1952) fliegt an Bord des Flugschiffes „Do-X" von den USA nach Deutschland. Sie ist die erste Europäerin, die als fliegender Passagier den Atlantik überquert.

August/September 1932: Maude Rose „Lores" Bonney fliegt als erste Frau um Australien.

5. September 1932: Die amerikanische Pilotin Mary Haizlip (1910–1997) stellt in Cleveland (Ohio) mit 405,92 Stundenkilometern einen Geschwindigkeitsrekord für Frauen auf.

1932: Die Chinesin Katherine Cheung (1904–2003) wird die erste Asiatin mit Pilotenlizenz in den USA.

1932: Ruthy Tu (gestorben 1969) wird die erste Pilotin in der Chinesischen Armee.

1932: Die deutsche Pilotin Rosl Richter und ihr Ehemann unternehmen mit einem Leichtflugzeug einen Weltflug.

1932: Der Fallschirmspringerin Lola Schröter gelingt ein Rekordsprung aus 7.300 Metern Höhe.

1932: Luise Hoffmann (1910–1935) wird erste Werkspilotin in Deutschland.

1932: Phoebe Fairgrave Omlie wird die erste Regierungsbeamtin für Luftfahrt in den USA.

1932: Fay Gillis Wells (1908–2002) fliegt als erste Amerikanerin ein sowjetisches Zivilflugzeug.

10. bis 21. April 1933: Maude Rose „Lores" Bonney fliegt mit einer Maschine des Typs „Gipsy Moth" namens „My little Ship" als erste Frau von Australien nach England (Start in Brisbane, Landung in London. Flugstrecke rund 20.000 Kilometer).

1933: Freda Thompson (1909–1980) wird die erste Fluglehrerin in Australien.

28. Januar bis 25. April 1934: Die Amerikanerin Laura Ingalls (1893–1967) unternimmt als erste Frau einen Alleinflug von Nordamerika nach Südamerika.

21. März 1934: Laura Ingalls fliegt als erste Amerikanerin über die Anden.

April 1934: Die Französin Maryse Hilsz (1903–1946) fliegt als erste Frau von Paris nach Tokio und zurück.

Mai 1934: Die Neuseeländerin Jean Batten (1909–1982) unternimmt als erste Frau einen Flug von England nach Australien und zurück.

28. September bis 6. November 1934: Die australische Pilotin Freda Thompson unternimmt den ersten Alleinflug einer Frau von England nach Australien. Während dieser 39 Tage langen Flugreise muss sie 20 Tage auf ein Ersatzteil warten.

23. Oktober 1934: Die amerikanische Ballonfahrerin Jeannette Piccard (1895–1981) fliegt als erste Frau in die Stratosphäre: Sie steigt zusammen mit ihrem Ehemann Jean-Felix Picard (1884–1963) über dem Erisee in eine Höhe von 17.550 Metern auf.

31. Dezember 1934: Die Amerikanerin Helen Richey (1909–1947) wird die erste Pilotin bei einer planmäßigen Airline („Central Airlines").

Anfang 1935: Der amerikanischen Fliegerin Amelia Earhart glückt der erste Flug von Hawaii zum amerikanischen Festland. Diese Route ist länger als die Strecke von den USA nach Europa.

April 1935: Liesel Zangenmeister stellt in Rossitten (Ostpreußen) mit 12 Stunden 57 Minuten einen Dauer-Weltrekord im Segelflug auf.

1935: Amelia Earhart unternimmt als Erste einen Alleinflug von Los Angeles (Kalifornien) nach Mexico City (Mexiko), Flugzeit 13 Stunden 23 Minuten.

1935: Amelia Earhart unternimmt als Erste einen Alleinflug von Mexico City nach Newark, Flugzeit 14 Stunden 19 Minuten.

Ende 1935: Jean Batten fliegt als erste Frau von England nach Südamerika (Brasilien), Flugstrecke rund 5.000 Meilen (umgerechnet 8.000 Kilometer), Flugzeit 61 Stunden 15 Minuten

1936: Katarina Matanovic-Kulenovic (1913–2003) wird die erste kroatische Pilotin.

4. September 1936: Louise Thaden (1905–1979) und Blanche Noyes (1900–1981) besiegen als erste Frauen bei einem Flugwettrennen („Bendix Trophy Race") männliche Piloten. Sie fliegen sie von New York City nach Los Angeles in 14 Stunden 55 Minuten und stellen damit einen Weltrekord auf.

4./5. September 1936: Die englische Pilotin Beryl Markham (1902–1986) fliegt als erste Frau allein von London (England) über den Atlantik nach Nova Scotia (Kanada).

1936: Jean Batten fliegt als erste Frau über den Südatlantik.

1936: Laura Ingalls fliegt als erste Frau nonstop von der Ostküste zur Westküste der USA.

März 1937: Jean Burns wird im Alter von 17 Jahren die jüngste Pilotin in Australien.

17. Mai 1937: Die deutsche Fliegerin Hanna Reitsch (1912–1979) wird als erste Frau der Welt ehrenhalber zum Flugkapitän ernannt. Dieser Titel war sonst Flugzeugführern der „Deutschen Lufthansa" vorbehalten.

Mai 1937: Hanna Reitsch überquert als erste Pilotin der Welt im Segelflug die Alpen.

Juni 1937: Die deutsche Pilotin Eva Schmidt (1914–1945) erreicht eine Weltbestleistung im Segelflug-Streckenflug für

Frauen vom Hornberg (Schwäbische Alb) nach Plauen im Vogtland (Sachsen) und einen Dauerflug-Rekord von 14 Stunden.

Juni 1937: Inge Wetzel stellt in Rossitten (Ostpreußen) mit 18 1/2 Stunden einen Segelflug-Weltrekord im Dauerflug auf, wird aber bereits im Juli 1937 von Feodora Schmidt übertroffen.

1937: Amelia Earhart fliegt – im Rahmen ihrer Erdumrundung – als Erste vom Roten Meer nach Indien.

2. Juli 1937: Amelia Earhart und ihr Navigator Fred Noonan (1893–1937) kehren von ihrer geplanten spektakulären Erdumrundung nicht mehr zurück. Um das ungeklärte Verschwinden der Beiden im Pazifik ranken sich zahlreiche Legenden.

4. Juli 1937: Hanna Reitsch fliegt in Bremen als erste Frau einen Hubschrauber.

1937: Maude Rose „Lores" Bonney fliegt als erste Frau allein von Australien (Brisbane) nach Südafrika (Kapstadt), Flugstrecke 29.088 Kilometer.

1937: Sabiha Gökcen (1913–2001) wird die erste Kampfpilotin der Türkei. Sie fliegt Kampfeinsätze in Thrakien und in der Ägäis.

1937: Die deutsche Fliegerin Melitta Schenk Gräfin von Stauffenberg (1903–1945), geborene Melitta Schiller, besitzt als einzige Frau Deutschlands alle Flugzeugführerscheine für sämtliche Klassen von Motorflugzeugen und Segelflugzeugen sowie den Kunstflugschein.

1937: Die Argentinierin Susanna Ferrari Billinghurst (1914–1999) erwirbt als erste Frau in Südamerika einen kommerziellen Pilotenschein.

1937: Die russischen Pilotinnen Marina Raskowa (1912–1943) und Walentina Stepanowna Grisodubowa (1910–1993) stellen mit einem Nonstop-Flug über 1.443 Kilometer einen Frauenweltrekord auf.

1937: Die amerikanische Fliegerin Jacqueline Cochran (1906–1980) macht als erste Frau einen Blindflug (Instrumentenlandung).

28. Oktober 1937: Melitta Schenk Gräfin von Stauffenberg erhält – nach Hanna Reitsch – als zweite Frau der Welt den Titel „Flugkapitän".

Frühjahr 1938: Hanna Reitsch, die erste Frau mit Helikopter-Lizenz, unternimmt in der riesigen Berliner Deutschlandhalle mit einem Hubschrauber den ersten Hallenflug der Welt.

2. Juli 1938: Den russischen Pilotinnen Walentina Stepanowna Grisodubowa (1910–1993), Wera Lomako (geboren 1913), Polina Ossipenko (1907–1939) und Marina Raskowa (1912–1943) gelingt ein Weltrekord-Fernflug für Frauen von Sewastopol nach Archangelsk über eien Flugstrecke von 2.416 Kilometern.

24./25. September 1938: Marina Raskowa, Walentina Stepanowna Grisodubowa und Polina Ossipenko stellen mit einem 5.908,610 Kilometer langen Fernflug von Moskau nach Kerbi unweit des Ochotskischen Meeres einen Weltrekord für Frauen auf. Am 2. November 1938 erhalten sie für diesen Weltrekord-Fernflug als erste Frauen der sowjetischen Geschichte den Titel „Held der Sowjetunion".

1939: Willa Brown Chappell (1906–1992) wird die erste Afro-amerikanerin mit kommerzieller Pilotenlizenz in den USA

1939/1940: Beate Köstlin (1919–2001), später Beate Uhse, wirkt als erste deutsche Stuntpilotin in den Filmen „D III 88" (1939) und „Achtung, Feind hört mit" (1940) mit.

1. Juli 1941: Die Amerikanerin Jacqueline Cochran überführt als erste Frau einen Bomber über den Atlantik.

Ab 1941: Marina Raskowa und sechs andere weibliche Offiziere organisieren drei nur aus Frauen bestehende sowjetische Fliegerregimenter. Am Ende der Ausbildung werden in Engels drei Regimenter aufgestellt: das 586. Jagdfliegerregiment mit „Jak-2"-Flugzeugen, das 587. Tagbomberregiment mit „Pe-2"-Flugzeugen und das mit „U-2"-Flugzeugen ausgerüstete 588. Nachtbomberregiment („Nachthexen"). Kommandantinnen des 586. Jagdflieger-regiments sind: Lydia Litvak, Raisa Belyayeva, Tamara Pamyatnykh, Raya Surnachevskaya, Marina Kuznetsova. Kommandantinnen des 587. Tagbomberregiments sind: Kladiya Fomicheva, Marina Raskowa, Nadeshda Fedutenko.

Kommandantinnen des 588. Nachtbomberregiments sind: Yevodokya Bershanskaya, Yevgeniya Zhigulenko, Tatyana Makorova, Yevdokia Nosal, Nina Ulynenko.

Oktober 1942: Hanna Reitsch fliegt in Augsburg bei „Messerschmitt" das erste Raketenflugzeug der Welt.

21. März 1943: Cornelia Clark Fort (1919–1943) stirbt bei der Überführung einer Maschine des Typs „BT-13A" als erste Pilotin im Dienst der US-Army, als sie über Merkel, Taylor County (Texas), mit einem anderen Flugzeug zusammenstößt. An sie erinnert der 1945 nach ihr benannte „Cornelia Fort Airport" in Nashville (Tennessee).

14. Okober 1944: Die Amerikanerin Ann G. Baumgartner Carl (1918–2008) ist die erste Frau in einem Turbojet-Kampfflieger.

1948: Betty Skelton Frankman Erde (1926–2011) wird die erste US-Meisterin in Luftakrobatik.

1949: Betty Skelton Frankman Erde stellt mit 7.853 Metern einen Höhenweltrekord für Frauen auf.

16. September 1950: Nancy Bird Walton (1915–2009) gründet die australische Pilotinnenorganisation „Australian Women Pilot's Association" („AWPA")

März 1951: Die deutsche Pilotin Liesel Bach (1905–1992) fliegt als erste Frau über den Himalaja.

1951: Betty Skelton Frankman Erde stellt mit 8.850 Metern einen weiteren Höhenweltrekord für Frauen auf.

April 1953: Iris Wittig (1928–1978) fliegt zusammen mit einem sowjetischen Instrukteur als einer der ersten Piloten in einer „MiG-15UTI", dem ersten Strahlflugzeug der „DDR".

18. Mai 1953: Die amerikanische Pilotin Jacqueline Cochran erreicht mit einem Düsenjäger des Typs „F-86 Sabre" eine Durchschnittsgeschwindigkeit von 1.042 Stundenkilometern und durchbricht dabei in Sturzflügen aus 14.000 Meter Höhe als erste Frau zwei Mal die Schallmauer.

15. August 1953: Die französische Fliegerin Jacqueline Auriol (1917–2000) durchbricht mit einem Düsenjäger des Typs „Mystère" mit einer Geschwindigkeit von 1.195 Stundenkilometern als erste Europäerin die Schallmauer (Mach1).

1960-er Jahre: Jerrie Cobb besteht als erste Amerikanerin alle drei Tests für das von Jacqueline Cochran finanzierte Programm „Mercury 13". Mit diesem privat finanzierten Programm, das nicht Teil der Astronautenrekrutierung der „NASA" ist, will man beim Wettrennen im Weltraum mit der ersten Frau im All der Sowjetunion zuvorkommen. Der Name des Projektes beruht darauf, dass von den insgesamt 20 getesteten Frauen 13 die Tests bestehen: außer Jerrie Cobb später auch Myrte Cagle, Jan Dietrich, Marion Dietrich, Wally Funk, Janey Hart, Jean Hixson, Gene Nora Stumbough, Irene Leverton, Bernice Steadman, Sarah Ratley, Jerri Truhill und Rhea Woltman. Jerry Cobb, Rhea Hurle und Wally Funk unterziehen sich in Oklahoma City noch weiteren Tests und einer psychologischen Bewertung. Wenige Tage, bevor einige Frauen sich erweiterten Tests in Pensacola (Florida) in der „Naval School of Aviation Medicine" mit Militärausrüstung und Jets unterziehen sollen, erhalten sie ein Telegramm, in dem der Abbruch des Projekts mitgeteilt wird. Die Navy ist nicht bereit, ihr Equipment für ein inoffizielles Projekt bereitzustellen. Im Mai 2007 verleiht die „University of Wisconsin-Oshkosh" den damals noch acht lebenden Frauen von „Mercury 13" Ehrendoktortitel für ihren „Pioniergeist und die Anstrengungen bei der Weiterentwicklung der Frauen-rechte".

16. Juni 1963: Die russische Kosmonautin Walentina Tereschkowa startet in Baikonur (Kasachstan) an Bord des Raumschiffes „Wostock VI" als erste Frau ins Weltall. Sie umkreist 49 Mal die Erde, bevor sie am 19. Juni 1963 in Novosivbirsk landet.

26. August 1963: Diana Barnato Walker (1918–2008) durchbricht als erste Britin die Schallmauer.

19. März bis 17. April 1964: Geraldine „Jerry" Mock fliegt als erste Amerikanerin erfolgreich um die Welt. Vor ihr hatte dies 1931 schon die deutsche Fliegerin Elly Beinhorn getan. Weil der Weltflug von Elly Beinhorn in den USA nicht allgemein bekannt ist, wird Geraldine „Jerry Mock" dort oft irrtümlich als Frau erwähnt, die als Erste um die Welt geflogen sein soll.

Juni 1966: Berta Zeron (1924–2000) wird die erste Frau in Mexiko mit einem kommerziellen Pilotenschein.

1966: Die britische Pilotin Sheila Scott (1927–1988) fliegt 50.000 Kilometer in 189 Flugstunden.

1967: Ursula Bühler-Hedinger (1943–2009) wird die erste schweizerische Linienpilotin und Jetpilotin.

28. März 1967: Fiorenza de Bernardi wird die erste Airline-Pilotin in Italien (nach eigenen Angaben die fünfte der Welt) und im selben Jahr in ihrem Heimatland auch der erste weibliche Flugkapitän.

1969: Turi Wideroe wird der erste weibliche Luftverkehrspilot bei einer großen Fluggesellschaft in Norwegen. Sie fliegt im Dienste der „Scandinavian Airlines Systems" („SAS").

28. Juni 1971: Die amerikanische Pilotin Louise Sacchi (1913–1997) stellt bei einem Flug von New York nach London innerhalb von 17 Stunden 10 Minuten einen Geschwindigkeitsrekord auf.

1971: Sheila Scott fliegt bei einem Langstreckenflug über 50.000 Kilometer als erste Frau mit einem Leichtflugzeug über den Nordpol.

29. Januar 1973: Emily Howell Warner wird die erste Pilotin für eine kommerzielle Airline in den USA.

22. Februar 1974: Barbara Ann Rainey (1948–1982), geborene Barbara Ann Allen, wird die erste Marinepilotin der „United States Navy".

4. Juni 1974: Sally Murphy qualifiziert sich als erste Frau als Pilotin für die „United States Army".

1974: Die Italienerin Fiorenza di Bernardi wird die erste Gletscherpilotin der Welt.

1974: Die Amerikanerin Marry Barr wird die erste Pilotin in der Forstwirtschaft („United States Forest Service") der Vereinigten Staaten.

1974: Captain Leslie F. Kenne wird die erste Frau an der Testpilotenschule der US-Luftwaffe.

1974: Wally Funk wird die erste Inspektorin der Flugsicherung innerhalb der amerikanischen Verkehrsbehörde „National Transportation Safety Board" („NTSB") in Washington D.C. Die „NTSB" befasst sich mit der Aufklärung von Unglücksfällen im Transportwesen (Eisenbahnen, Luftfahrt, Schifffahrt, Pipelines und Autobahnen). Für die Luftfahrt entspricht der Aufgabenbereich der Bundesstelle für Flugunfalluntersuchung in Deutschland.

6. Juni 1976: Emily Howell Warner wird der erste weibliche Kapitän einer US-Airline.

Ende 1976: Die deutsche Pilotin Rita Maiburg (1951–1977) wird der erste und einzige weibliche Flugkapitän im regulären

Liniendienst der westlichen Welt. Die Bulgarin Maria Atanasova kommandiert damals eine düsengetriebene Frachtmaschine, die Engländerin Yvonne Sintes ist Captain bei einer britischen Chartergesellschaft

1976: Rosemary Bryant Mariner fliegt als erste Frau ein leichtes Kampfflugzeug.

1978: Rhea Seddon (geboren 1947), Kathryn Sullivan (geboren 1951), Judith A. Resnik (1949–1986), Sally Kristen Ride (geboren 1951), Anna Lee Fisher (geboren 1949) und Shannon Lucid (geboren 1942) werden als erste Frauen in das Astronautencorps der „NASA" aufgenommen.

11. April 1980: Eleanor Conn unternimmt mit ihrem Ehemann Sidney Conn die erste Ballonfahrt über den Nordpol.

2. Juli 1980: Die Amerikanerin Lynn Rippelmeyer fliegt als erste Frau einen Jumbo-Jet „Boeing 747".

3. Dezember 1980: Die Amerikanerin Janice Brown unternimmt in der Nähe von Marana (Arizona) mit einem kleinen Solarflugzeug namens „Solar Challenger" den ersten Langstrecken-Solarflug (Flugstrecke 6 Meilen, Flugzeit 22 Minuten).

1980: Deborah Jane Lawrie wird die erste Pilotin bei einer australischen Fluggesellschaft.

14. Februar 1981: Neta Snook (1896–1991) ist mit 85 Jahren die älteste Pilotin der USA.

11. März 1981: Die Amerikanerin Doris Grove stellt mit 1.127,68 Kilometern einen Segelflug-Weltrekord auf.

17. Dezember 1982: Die amerikanische Pilotin Mary Haizlip (1910–1997) wird als erste Frau in der Luft- und Raumfahrt in die „Oklahoma Aviation and Space Hall of Fame" aufgenommen.

18. Juni 1983: Die Astronautin Sally Kristen Ride fliegt als erste Amerikanerin im Weltall.

1983: Regula Eichenberger wird die erste Linienpilotin bei einer schweizerischen Airline („Crossair").

19. Juli 1984: Die amerikanische Pilotin Lynn Rippelmeyer fliegt als erster weiblicher Kapitän mit einer „Boeing 747" über den Atlantik. Der Start erfolgt in Newark, die Landung in London-Gatwick.

19. Juli 1984: Die amerikanische Pilotin Beverly Lynn Burns fliegt als erster weibliche Kapitän mit einer „Boeing 747" über die USA. Ihr historischer Flug mit einer Maschine der Fluggesellschaft „PEOPLExpress" führt von Newark nach Los Angeles.

25. Juli 1984: Die sowjetische Kosmonautin Swetlana Sawizkaja unternimmt als erste Frau einen Spaziergang im Weltall.

11. Oktober 1984: Die Astronautin Kathryn Dwyer Sullivan unternimmt als erste Amerikanerin einen Spaziergang im All.

14. Dezember 1986: Die amerikanische Astronautin Jeana Yeaeger startet zusammen mit Dick Rutan mit einem Voyager-Flugzeug zur ersten Nonstop-Weltraumumrundung ohne Auftanken und Zwischenlanden. Sie fliegen in 9 Tagen 3 Minuten 44 Sekunden eine Strecke von insgesamt 42.120 Kilometern.

1989: Gaby Kennard fliegt als erste Australierin mit einem Flugzeug des Typs „Piper Saratoga" namens „Gerty" in 99 Tagen allein um die Welt.

1990: Allana Arnot (geboren 1967) fliegt als erste Australierin mit einem Hubschrauber um die Welt.

1990: Rosemary Bryant Mariner wird die erste Kommandantin einer operativen Fliegerstaffel in den USA.

Winter 1990: Rosella Bjornsön wird der erste weibliche Kapitän für eine kommerzielle Fluggesellschaft in Kanada.

14. Mai 1992: Die amerikanische Astronautin Kathryn Thornton unternimmt den längsten Spaziergang im Weltall. Er dauert 7 Stunden 44 Minuten.

12. bis 20. September 1992: Carol Mae Jemison fliegt mit der Raumfähre „Endeauvour" als erste afro-amerikanische Astronautin im Weltall.

1. Oktober 1992: Die Amerikanerin Victoria („Vicki") von Meter (1982–2008) erregt als jüngste Fliegerin der Welt großes Aufsehen. Sie steuert als Zehnjährige erstmals ein Flugzeug,

25. März 1993: Die Britin Barbara Hamer ist die erste Frau, die – als Erster Offizier und Kopilotin – mit einem kommerziellen Überschallflugzeug fliegt. Dies geschieht bei einem Flug mit „British Airways" auf der „Concorde" von London nach New York City.

20. bis 23. September 1993: Vicki van Meter überfliegt im Alter von elf Jahren die USA – von Augusta (Maine) nach San Diego (Kalifornien).

1993: Sarah Deal wird erster weiblicher Pilot des „United States Marine Corps".

21. April 1994: Jackie Parker qualifiziert sich als erste Pilotin für das F-16-Kampfflugzeug.

4. bis 7. Juni 1994: Vicki van Meter überfliegt im Alter von zwölf Jahren den Atlantik.

12. Juli 1994: Die elfjährige Amerikanerin Katrina Mumaw wird das „schnellste Kind der Welt": Sie bricht zusammen mit einem russischen Piloten in einem „MiG-29"-Kampfjet die Schallmauer.

1994: Kara Hultgreen (1965–1994) wird die erste Kampfpilotin der US-Marine in einer „F-14 Tomcat".

3. Oktober 1994 bis 22. März 1995: Die Russin Elena Kondakowa, nach anderer Schreibweise Yelena Vladimirovna Kondakova, unternimmt den ersten Dauerflug einer Frau im All.

3. bis 11. Februar 1995: Eileen Collins wird die erste amerikanische Raumfährenpilotin bzw. Shuttlepilotin.

1995: Martha McSally unternimmt bei der Operation „Southern Watch" als erste Pilotin der US-Luftwaffe (von Kuwait aus) Kontrollflüge in feindlichem Gebiet (Irak). Sie ist die erste Pilotin der „U.S. Air Force", die mit einem Militärflugzeug über Feindgebiet fliegt.

22. März bis 26. September 1996: Shannon Lucid wird mit einem 188 Tage langen Flug die Amerikanerin, die sich am längsten im Weltraum aufhält.

19. November 1997: Kalpana Chawla (1961–2003) unternimmt mit der amerikanischen Raumfähre „Columbia" als erste Inderin einen Flug im Weltall.

16. Dezember 1998: Kendra Williams, Leutnant bei der „United States Navy", bombardiert bei der Operation „Desert Fox" als erster weiblicher Kampfpilot der USA über dem Irak ein feindliches Ziel.

12. Januar 1999: Erstmals ist das Cockpit einer „Swissair"-Maschine ausschließlich mit Frauen besetzt: Kapitän Gabrielle Musy-Lüthi und Kopilotin Claudia Wehrli fliegen einen „Airbus A320" von Zürich-Kloten nach Paris.

23. bis 28. Juli 1999: Eileen Collins wird die erste Kommandantin einer amerikanischen Raumfähre („Space Shuttle").

Januar bis Mai 2001: Die Britin Polly Vacher unternimmt als erste Frau mit einem Kleinflugzeug („Piper PA-28 Cherokee Dakota G-FRGN") – über Australien – einen Flug um die Welt.

6. Mai 2003 bis 27. April 2004: Polly Vacher fliegt von Birmingham aus über den Nordpol, die Antarktis und alle Erdteile. Damit wird sie die erste Frau, die allein die Polarregionen überquert. Bei diesem Unternehmen fliegt sie auch innerhalb von 16 Stunden von Hawaii nach Kalifornien.

Um 2005: Hanadi Zakaria al-Hindi wird der erste weibliche Flugkapitän in Saudi-Arabien.

13. März 2006: Die amerikanische Pilotin Elizabeth A. Okoreeh-Baah fliegt als erste Frau ein senkrecht startendes „V-22 Osprey Tiltrotor"-Flugzeug.

2006: Nicole Malachowski wird als erste Frau bei den „Thunderbirds", einer Kunstflugstaffel der Luftstreitkräfte der USA, aufgenommen.

18. bis 29. September 2006: Die amerikanisch-iranische Multimillionärin Anoushe Ansari wird der erste weibliche Weltraumtourist, der erste weibliche Muslim und die erste Iranerin im Weltraum. Sie startet am 18. September 2006 mit einem Sojus-Raumschiff zur „Internationalen Raumstation" („ISS"), erreicht am 20. September die „ISS" und kehrt am 29. September 2006 mit „Sojus TMA-8" zur Erde zurück.

Autor Ernst Probst,
Foto: Klaus Benz, Fotograf, Mainz-Laubenheim

Der Autor

Ernst Probst, geboren am 20. Januar 1946 in Neunburg vorm Wald im bayerischen Regierungsbezirk Oberpfalz, ist Journalist und Wissenschaftsautor. Er arbeitete von 1968 bis 1971 als Redakteur bei den „Nürnberger Nachrichten", von 1971 bis 1973 in der Zentralredaktion des „Ring Nordbayerischer Tageszeitungen" in Bayreuth und von 1973 bis 2001 bei der „Allgemeinen Zeitung", Mainz. In seiner Freizeit schrieb er Artikel für die „Frankfurter Allgemeine Zeitung", „Süddeutsche Zeitung", „Die Welt", „Frankfurter Rundschau", „Neue Zürcher Zeitung", „Tages-Anzeiger", Zürich, „Salzburger Nachrichten", „Die Zeit", „Rheinischer Merkur", „Deutsches Allgemeines Sonntagsblatt", „bild der wissenschaft", „kosmos", „Deutsche Presse-Agentur" (dpa), „Associated Press" (AP) und den „Deutschen Forschungsdienst" (df). Aus seiner Feder stammen die Bücher „Deutschland in der Urzeit" (1986), „Deutschland in der Steinzeit" (1991), „Rekorde der Urzeit" (1992), „Dinosaurier in Deutschland" (1993 zusammen mit Raymund Windolf) und „Deutschland in der Bronzezeit" (1996). Ab 2000 veröffentlichte er eine 14-bändige Taschenbuchreihe über berühmte Frauen. Von 2001 bis 2006 betätigte sich Ernst Probst als Buchverleger. Bis heute schrieb er mehr als 300 Bücher, Taschenbücher und Broschüren.

Kurzbiografien von Ernst Probst über „Königinnen der Lüfte"

Aida de Acosta. Erster Alleinflug mit einem lenkbaren Luftschiff
Elsa Andersson. Die erste Pilotin aus Schweden
Jacqueline Auriol. Sie durchbrach als erste Europäerin die Schallmauer
Liesel Bach. Deutschlands erfolgreichste Kunstfliegerin
Pancho Barnes. Amerikas erste Stuntpilotin
Maryse Bastié. Die Fliegerin, die acht Weltrekorde brach
Jean Batten. Neuseelands berühmteste Pilotin
Melli Beese. Die erste Deutsche mit Pilotenlizenz
Elly Beinhorn. Deutschlands Meisterfliegerin
Vera von Bissing. Eine Kunstfliegerin der 1930-er Jahre
Sophie Blanchard. Die erste professionelle Luftschifferin
Adrienne Bolland. Die erste Frau, die über die Anden flog
Héléne Boucher. Die französische „Wunderfliegerin"
Kalpana Chawla. Die erste Inderin im Weltall
Jacqueline Cochran. Die „schnellste Frau der Welt"
Bessie Coleman. Die erste Afro-Amerikanerin mit Pilotenschein
Eileen Collins. Die erste Raumfähren-Pilotin
Héléne Dutrieu. Die erste Pilotin in Belgien
Amelia Earhart. Die erste Frau, die zwei Mal über den Atlantik flog
Ruth Elder. Die erste Frau, die den Flug über den Atlantik wagte

Marga von Etzdorf. Die tragische deutsche Fliegerin
Elise Garnerin. Die „Venus im Ballon"
Sabiha Gökcen. Die erste türkische Pilotin
Frances Wilson Grayson. Tragischer Flug über den Atlantik
Else Haugk. Die erste Fliegerin der Schweiz
Hilda Hewlett. Die erste britische Fliegerin
Maryse Hilsz. Die Rekordfliegerin aus Frankreich
Luise Hoffmann. Die erste deutsche Einfliegerin
Kara Spears Hultgreen. Die erste „F-14 Tomcat"-
Kampfpilotin
Laura Ingalls. Die erste Amerikanerin, die über
Südamerika flog
Carol Mae Jemison. Die erste afro-amerikanische
Astronautin
Amy Johnson-Mollison. Englands erste
Flugzeugmechanikerin
Thea Knorr. Eine frühe Fliegerin in München (zusammen
mit Josef Eimannsberger)
Raymonde de Laroche. Die erste Pilotin der Welt
Ruth Law. Erste Luftpost für die Philippinen
Anne Morrow Lindbergh. Die erste Amerikanerin
mit Segelflugschein.
Anne Löwenstein-Wertheim. Die fliegende Prinzessin
Shannon Lucid. Der längste Raumflug einer Frau
Angelika Machinek. Eine Segelfliegerin der Weltklasse
Rita Maiburg. Einer der ersten weiblichen
Linienflugkapitäne
Beryl Markham. Die erste Berufspilotin in Ostafrika
Marie Marvingt. Die „Mutter der Luftambulanz"
Christa McAuliffe. Die amerikanische Nationalheldin
Victoria van Meter. Die jüngste Fliegerin der Welt

Jerry Mock. Im Alleinflug um die Erde
Mathilde Moisant. Eine frühe Fliegerin in den USA
Käthe Paulus. Deutschlands erste Luftschifferin
Thérèse Peltier. Die erste Flugzeugpassagierin der Welt
Harriet Quimby. Die erste Amerikanerin mit Flugschein
Bessica Medlar Raiche. Eine der ersten Fliegerinnen
in den USA
Barbara Allen Rainey. Die erste Marinepilotin
der USA
Thea Rasche. The Flying Fräulein
Marina Raskowa. Eine fliegende „Heldin
der Sowjetunion"
Wilhelmine Reichard. Die erste Ballonfahrerin
in Deutschland
Hanna Reitsch. Die Pilotin der Weltklasse
Sally Kristen Ride. Die erste Amerikanerin
im Weltall
Swetlana Sawizkaja. Die erste Spaziergängerin im Weltall
Christl-Marie Schultes. Die erste Fliegerin in Bayern
Blanche Stuart Scott. Die erste Amerikanerin, die ein
Flugzeug flog
Melitta Schenk Gräfin von Stauffenberg.
Deutsche Heldin mit Gewissensbissen
Katherine Stinson und Marjorie Stinson. Die fliegenden
Schwestern
Kathryn Dwyer Sullivan. Rekordspaziergängerin
im Weltall
Walentina Tereschkowa. Die erste Frau im Kosmos
Élisabeth Thible. Die erste Passagierin einer Montgolfière
Kathryn Thornton. Berühmte Spaziergängerin
im Weltall

Sabine Trube. Die deutsche Düsenjet-Kommandantin
Beate Uhse. Deutschlands erste Stuntpilotin
Nancy Bird Walton. Australiens erste und jüngste
Verkehrspilotin

Bestellungen von Broschüren oder E-Books bei:
www.grin.com

Bücher von Ernst Probst

Christl-Marie Schultes. Die erste Fliegerin in Bayern
(zusammen mit Theo Lederer)
Frauen im Weltall
Königinnen der Lüfte
Königinnen der Lüfte von A bis Z. Biografien berühmter
Fliegerinnen, Ballonfahrerinnen, Luftschifferinnen,
Fallschirmspringerinnen und Astronautinnen
Drei Königinnen der Lüfte in Bayern. Thea Knorr –
Christl-Marie Schultes – Lisl Schwab (zusammen
mit Josef Eimannsberger)
Königinnen der Lüfte in Deutschland
Königinnen der Lüfte in Frankreich
Königinnen der Lüfte in England, Australien
und Neuseeland
Königinnen der Lüfte in Europa
Königinnen der Lüfte in Amerika
Sturzflüge für Deutschland. Kurzbiografie der Testfliegerin
Melitta Schenk Gräfin von Stauffenberg (zusammen mit
Heiko Peter Melle)
Theo Lederer. Ein Flugzeugsammler in Bayern
Tony und Bruno Werntgen. Zwei Leben für die Luftfahrt
(zusammen mit Paul Wirtz)

Bestellungen bei: www.grin.com